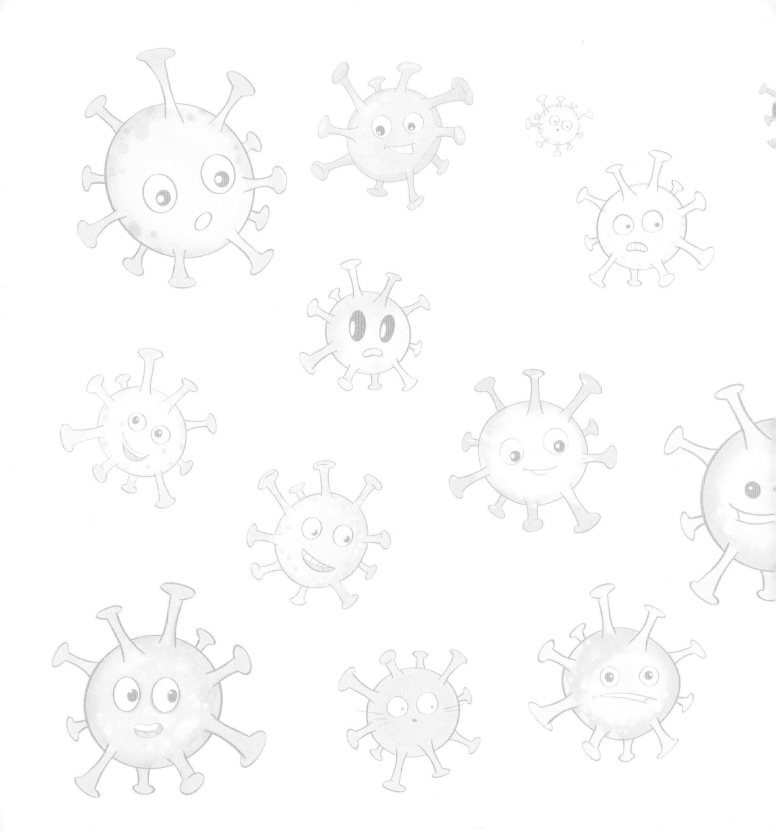

¡Hola buenos hábitos, adiós virus!

Lucas y Maya aprenden sobre la COVID-19

¡Hola buenos hábitos, adiós virus!
Lucas y Maya aprenden sobre la COVID-19

Autora: Carla Luna
Ilustradora: Amandine Ben
Ases. médico: Dra. Carolina Navarrete
Maquetación: Daniel Jurado

Edita: Cometa Roja (Europharma Natural)
Avda Europa 26, Edif ATICA 5 2a Pl
Pozuelo de Alarcón 28224 Madrid (España)
Contacto: 93 118 92 40

www.cometarojabooks.com

@cometarojabooks

ISBN: 978-84-17826-78-9
Depósito legal: M-13720-2020

¡Hola buenos hábitos, adiós virus!

Lucas y Maya aprenden sobre la COVID-19

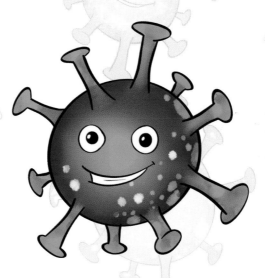

Carla Luna
Amandine Ben
Dra. Carolina Navarrete

4

Lucas y Maya están en casa debido al confinamiento por la enfermedad Covid-19. Esta mañana han decidido pasarla pintando y dejando volar su imaginación cuando, de repente...

—¡Hola! Soy Coro, un nuevo coronavirus! En la televisión me llaman Covid-19 porque es el nombre de mi enfermedad y vengo a explicaros los síntomas que podría ocasionar si infecto a una persona y daros algunos consejos para evitar que os contagiéis y llevar bien el confinamiento. Antes de empezar os quiero decir algo muy importante: me debéis tener respeto y tener precaución, pero no miedo, ya que el miedo perjudica vuestro sistema de defensas y hace que yo pueda entrar más fácilmente en vuestros cuerpos. Así que... ¡fuera miedos!

—¿Sabéis qué sucedería si consiguiera entrar en vuestros pulmones? —pregunta Coro.

—¿Tos, estornudos? —dice Maya.

—¡Exacto! —contesta el coronavirus—. Un poco de tos, fiebre, cansancio, dolor de cabeza... Casi como cuando cogéis una gripe. Si tenéis algunos de estos síntomas, avisad a vuestros padres para que puedan llamar al médico. Él o ella os dirá si es mejor que le hagáis una visita o que os quedéis en casa.

—A mí no me gusta ir al médico... —dice Lucas.

—¡Si son muy simpáticos! Solo verán qué os pasa y cómo pueden ayudaros. Pero bien, siempre es mejor prevenir que curar, ¡así que vamos con los consejos para evitar que entre en vosotros!

—Como habréis oído, es muy importante lavarse las manos.

Empecemos por saber cuándo debemos hacerlo:

1. Antes de salir y al llegar a casa.

2. Al bajar de un transporte público.

3. Después de ir al parque y haber tocado el balón, el suelo, los juguetes, los columpios...

4. Antes de cada comida.

5. Y... ¡MUY IMPORTANTE! También antes de tocaros la cara, antes de poneros una mascarilla y antes de quitárosla.

—¡Pues parece que estaremos todo el día lavándonos las manos! —dice Maya riéndose.

—No es tanto como parece —responde Coro—. Ahora os explicaré dos maneras de lavaros las manos y veréis que no hace falta usar agua y jabón cada vez. Lo más importante es hacerlo adecuadamente porque, de lo contrario, puede no estar sirviendo de nada.

Aquí podéis ver cómo se hace un buen lavado de manos con gel o loción desinfectante y cómo hacerlo con agua y jabón. Podéis utilizar el método más cómodo dependiendo de la situación o del lugar en que os encontréis.

Tiempo: 20-30 segundos.

1

Pon suficiente gel en las manos.

2

Frota la palma de las manos entre sí.

3

Ahora frota la palma de la mano derecha contra el dorso de la mano izquierda entrelazando los dedos; repite lo mismo con la otra mano.

4

Frota las palmas de las manos con los dedos entrelazados.

5

Agárrate con los dedos y frota el dorso de una mano y después el de la otra.

6

Coge el pulgar izquierdo con la mano derecha y frota; haz lo mismo con la otra mano.

7

Haz círculos con los dedos de la mano derecha en la palma de la mano izquierda, frotando bien; repite con la otra mano.

8

Seca tus manos y ¡desinfectadas!

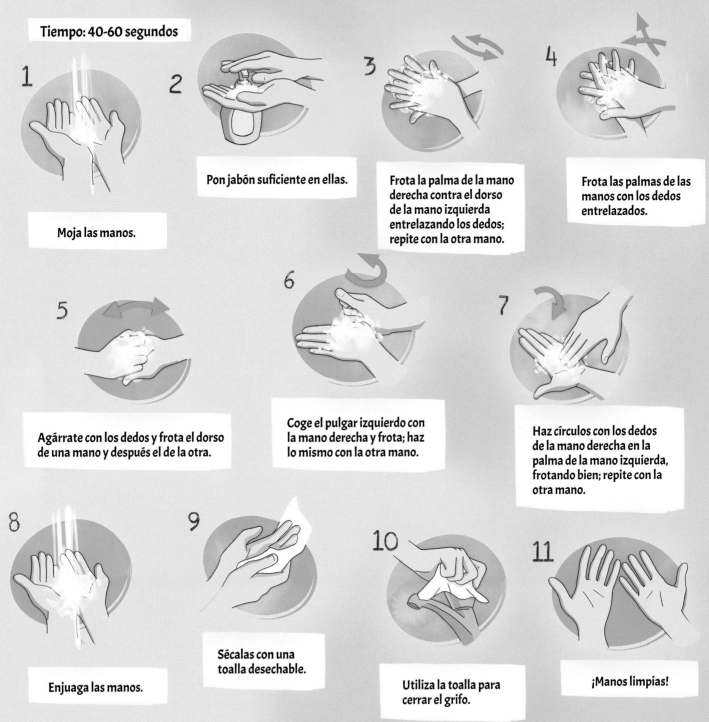

Tiempo: 40-60 segundos

1 Moja las manos.

2 Pon jabón suficiente en ellas.

3 Frota la palma de la mano derecha contra el dorso de la mano izquierda entrelazando los dedos; repite con la otra mano.

4 Frota las palmas de las manos con los dedos entrelazados.

5 Agárrate con los dedos y frota el dorso de una mano y después el de la otra.

6 Coge el pulgar izquierdo con la mano derecha y frota; haz lo mismo con la otra mano.

7 Haz círculos con los dedos de la mano derecha en la palma de la mano izquierda, frotando bien; repite con la otra mano.

8 Enjuaga las manos.

9 Sécalas con una toalla desechable.

10 Utiliza la toalla para cerrar el grifo.

11 ¡Manos limpias!

11

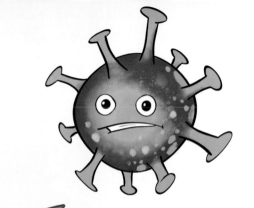

—Lucas, ¿te pasa algo en los ojos? —pregunta Coro al ver que se los frota con fuerza.

—Oh... tengo un poco de sueño, es una manía.

—Ya, te entiendo. Sé que es difícil, pero, en la medida que podáis, intentad no tocaros la cara, principalmente la boca, la nariz y los ojos, ya que a través de ellos puedo entrar fácilmente en vuestro organismo.

—¡Vale, lo tendré en cuenta! —exclama Lucas.

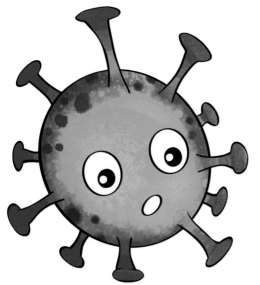

—Otra cosa importante es la distancia con otras personas —explica Coro.

—¿A cuántos metros tenemos que estar unas de otras? —pregunta Maya.

—La distancia de seguridad es de dos metros y os cuento porqué. Cuando una persona habla, tose o estornuda, las gotas de saliva que expulsa vuelan por el aire entre un metro y medio y dos metros. Como no pueden volar a más distancia, entonces caen sobre cualquier superficie. Es por eso que si os mantenéis a una distancia de dos metros o un poquito más, las gotas de saliva de otras personas nunca os alcanzarán y evitaréis que me cuele en vosotros si voy en esas gotitas.

—Ahora pasamos a un tema muy interesante: las mascarillas. En este cartel os explico cómo se deben poner, usar, quitar y desechar las mascarillas de un solo uso.

Antes de poneros la mascarilla: lavaos las manos.

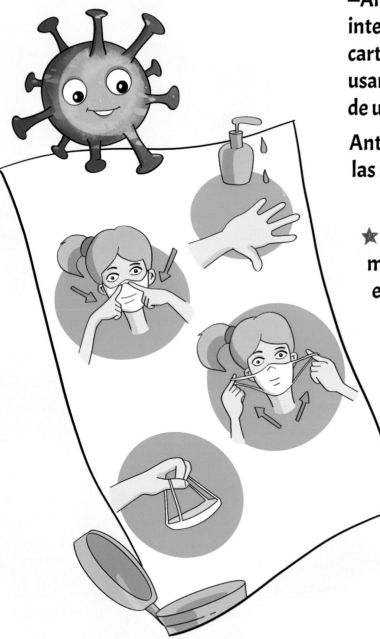

★ Cubríos la boca y la nariz con la mascarilla, fijaos en que no queden espacios abiertos.

★ Evitad tocar la mascarilla por delante, y si lo hacéis, volved a lavaros las manos.

★ Cambiaos la mascarilla cuando esté húmeda y no la reutilicéis si es de un solo uso.

★ Quitaos la mascarilla por las gomas, sin tocarla por delante, tiradla a la basura y...

—¡¿Lavaos las manos?! —dicen Lucas y Maya.

—¡Exacto! —se ríe Coro—. Pero también quiero proponeros el uso de mascarillas de algodón, ya que no hay mascarillas de usar y tirar para todas las personas. Después de usarlas, vuestro padre o vuestra madre las tienen que lavar a una temperatura alta o rociarlas con lejía diluida en agua.

17

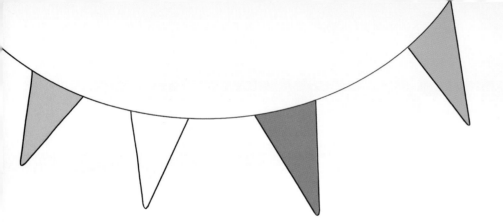

—Es normal estornudar y toser, pero estos días, cuando lo hagáis, no os tapéis la boca con la mano, hacedlo con el codo.

—¿Y por qué? —pregunta Lucas.

—A veces puedo estar en vuestro interior sin que lo sepáis, y si salgo por vuestra saliva al estornudar o toser y vuelo hasta vuestra mano, puedo quedarme en las superficies que toquéis después y las personas que toquen esas superficies podrían contagiarse.

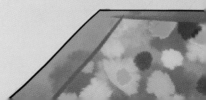

—Sobre los guantes que muchas personas se están poniendo estos días, quiero explicaros que su uso, a veces, genera una falsa idea de seguridad. Tened en cuenta que son como una segunda piel y se pueden infectar igual que las manos. Si habéis tocado algo infectado con los guantes y os tocáis la cara, puede ser que os contagiéis. Por ejemplo, vuestros padres pueden usar guantes cuando vayan a comprar al supermercado, pero es muy importante que los tiren al terminar la compra y que se laven bien las manos.

—¿Ya habéis salido algún día a la calle? —pregunta Coro.

—¡Sí! Cuando ya se podía fuimos un día a pasear un ratito —dice Maya.

—¿Y qué hicisteis al volver a casa? —pregunta el coronavirus.

—Nos lavamos muuuuy bien las manos —responde Lucas.

—Bien. Pues a partir de ahora, y mientras yo siga por aquí, cuando volváis de la calle dejad la ropa y los zapatos en el recibidor. Y después de lavaros bien las manos o ducharos, poneos ropa de estar por casa o el pijama. De esta manera, estaréis más protegidos.

—¡Qué desayunos más distintos! —exclama Coro al ver lo que comen los niños.

—Es que a mí me gusta mucho el azúcar... —confiesa Lucas.

—Ja, ja, ja, ja —ríe Coro—. A mí también, Lucas, pero es muy importante que llevéis una alimentación equilibrada para que vuestro sistema de defensas esté fuerte y os proteja de éste y de todos los virus e infecciones. Esto es algo a tener siempre en cuenta; y si no lo teníais presente hasta ahora, aprovechad estos días con tanto tiempo libre en casa para idear recetas ricas y saludables.

—¡El otro día hicimos unas galletas muy sanas y deliciosas! —exclama Maya.

—¡Eso es! —dice Coro—. ¡Es el momento perfecto para hacer recetas en familia!

26

—Y hablando sobre una buena alimentación, ¡no podemos olvidarnos de las vitaminas! ¿Sabéis que hay una que no la podemos obtener de los alimentos? Es la vitamina D.

—¿Y para qué sirve esa vitamina? —pregunta Lucas.

—Ayuda a vuestro cuerpo a absorber el calcio de los alimentos, a fortalecer vuestros huesos y dientes —responde Coro.

—¿Y dónde la podemos encontrar? —pregunta Maya.

—Esta vitamina también se llama "la vitamina de la luz del sol", creo que con esto os lo digo todo... —explica Coro.

—¡Me encanta el sol! —exclama Maya.

—A mí no me gusta mucho, pero para vosotros es muy saludable —continúa Coro—. ¿Qué podéis hacer estos días? Cada vez que salgáis a la calle, disfrutad del sol, y si algún día estáis en casa aburridos, podéis salir al balcón, a la terraza o simplemente poneros en una ventana y disfrutad del sol haciendo unas respiraciones profundas para oxigenar el cuerpo. Si estáis más de quince minutos, acordaos de poneros protección solar.

—Después de tantos días de confinamiento es normal que a veces os sintáis un poco tristes, enfadados o perezosos. Es mucho tiempo en casa y podéis sentir distintas emociones —explica Coro.

—Ayer nos enfadamos... —dice Lucas.

—Sí... ¡Pero luego nos perdonamos! —puntualiza Maya.

—Eso es precioso —responde Coro—. Cuando os sintáis así, os aconsejo hablar con vuestros padres y, poco a poco, cambiar de esa emoción que os hace sufrir a otra más positiva. Podéis hacer juegos en familia, cantar y bailar, hacer manualidades, quizás plantar alguna cosa, actividades que os diviertan y podáis compartir entre todos.

—Os voy a enseñar un juego muy divertido para estos días —propone Coro—. Se llama *Los Sentidos*.

—¿Cómo se juega? —pregunta Lucas.

—Maya, ¿puedes poner diferentes cosas en recipientes? Y ahora tú, Lucas, con los ojos vendados, tienes que tocar, oler y escuchar para adivinar qué es lo que ha puesto Maya en cada uno. Cuando lo hayas adivinado, cambiáis los papeles: tú, Lucas, preparas los recipientes y Maya adivina.

—¡Qué divertido! —exclama Lucas entusiasmado.

—¡Podemos jugar esta tarde con papá y mamá! —propone Maya.

—Cuando la situación lo permita y tengáis el permiso de las Autoridades Sanitarias, os recomiendo pasear por la naturaleza, en la medida posible, y tener contacto con ella. Acordaos siempre de seguir las medidas necesarias —aconseja Coro.

—¡Qué ganas de respirar aire puro! —dice Maya.

—¡Ahora está más puro que antes! —comenta Coro— Pasear y jugar en la naturaleza os irá conectando de nuevo con la energía del exterior. Tocad la tierra, abrazad un árbol, escuchad a los pájaros... La verdad es que está todo mucho más limpio. ¡Lo disfrutaréis muchísimo!

—Lucas, Maya, ha sido un placer estar hoy con vosotros. Gracias por escucharme y no tenerme miedo. Con estas medidas preventivas estaréis siempre sanos. Poco a poco volveréis a la normalidad, y yo me iré. Todo va a estar bien. Recordad que lo más importante es no tenerme miedo, ya que entonces es más fácil que entre en vosotros. Y si os contagiáis, tranquilos, ¡lo pasaréis como una gripe y ya está! Ved esta situación como una oportunidad para estar en casa con vuestra familia y compartir más con ella.

—¡Muchas gracias, Coro, ya no te tengo miedo! —dice Lucas.

—Gracias, nos hemos divertido mucho aprendiendo cosas sobre ti —dice Maya.

—¡Adiós! ¡Espero no volver a veros! —se despide Coro.

Lucas y Maya se ríen, contentos de haber conocido a Coro y dispuestos a pasar un gran día en casa.

CARLA LUNA

Graduada en Comunicación Audiovisual por la Universidad Pompeu Fabra, la escritura creativa ha formado parte de su vida desde bien pequeña. Ha trabajado en distintos ámbitos del mundo del cine. Poco a poco ha ido descubriendo que para ella lo importante es la intención de los proyectos en los que trabaja y se dedica a aquellos que, desde algún lugar, aportan amor al mundo, sirven a las personas y generan felicidad y bienestar. Formándose como profesora de Yoga. Actualmente creando varias colecciones de cuentos que giran en torno al reciclaje, sostenibilidad, bienestar emocional y otros.

DRA. CAROLINA NAVARRETE

Graduada en medicina (col 57409). Trabajando en diversos CAP, ejerciendo su pasión por las personas, tanto por la parte emocional interior como la parte más física y por supuesto la espiritual, lo que la lleva a una percepción y visión holística del ser humano. Profesora de Yoga. Le encanta el trabajo con niños y niñas y la fotografía, donde intenta plasmar un pedacito de vida de cada viaje y captar la emoción del momento. Para ella conocer otras culturas es el mayor regalo.

AMANDINE BEN

La ilustración y el arte han sido siempre su pasión y un verdadero objetivo personal y profesional. Creció en París, donde estudió Artes Plásticas. Hace unos años se trasladó a Madrid donde decidió apostar por su verdadera vocación, estudiando el ciclo de ilustración en la escuela de Arte10. Ha trabajado para editoriales, agencias de publicidad y revistas, ilustrando álbumes para colorear, retratos, carteles e ilustraciones promocionales. Actualmente ilustrando varios proyectos infantiles relacionados con el bienestar, la sostenibilidad y la parte más emocional de niñas y niños.

En esta colección la ecología y la sostenibilidad ambiental van de la mano. Aprenderemos los procesos de reciclaje de cada material y herramientas para poner en práctica las 3R: Reducir, Reutilizar y Reciclar.

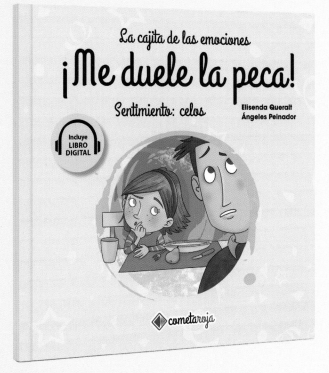

La cajita de las emociones

Con los cuentos de *La cajita de la emociones* los niños y las niñas aprenderán a reconocer y comprender sus emociones y adquirirán estrategias para expresarlas de manera constructiva.

 **AVENTURA Y DIVERSIÓN EN LOS CINCO CONTINENTES**

Un mundo de aventura, intriga y risas con las pandillas de animales más originales. ¿Cuál será tu favorito?

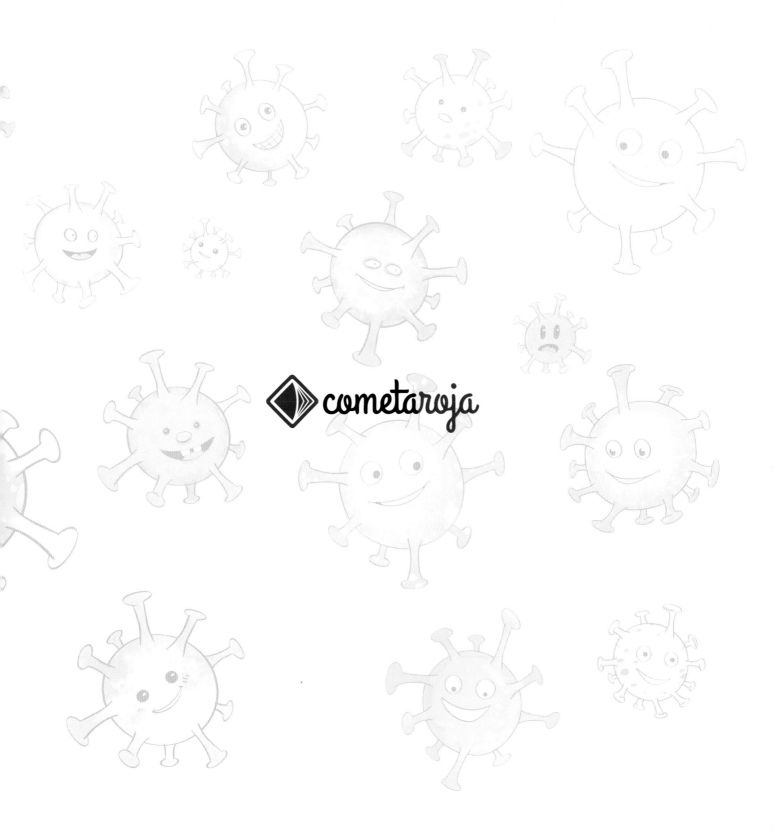